TRANZLATY

Language is for everyone

زبان سب کے لیے ہے۔

Aladdin and the Wonderful Lamp

چراغ انگیز حیرت اور دین الہ

Antoine Galland

انٹون گیلینڈ

English / اردو

Copyright © 2025 Tranzlaty
All rights reserved
Published by Tranzlaty
ISBN: 978-1-83566-936-5
Original text by Antoine Galland
From ''*Les mille et une nuits*''
First published in French in 1704
Taken from The Blue Fairy Book
Collected and translated by Andrew Lang
www.tranzlaty.com

Once upon a time there lived a poor tailor
ایک دفعہ کا ذکر ہے کہ ایک غریب درزی رہتا تھا۔

this poor tailor had a son called Aladdin
اس غریب درزی کا ایک بیٹا تھا جس کا نام علاء تھا۔

Aladdin was a careless, idle boy who did nothing
علاء الدین ایک لاپرواہ، بیکار لڑکا تھا جو کچھ نہیں کرتا تھا۔

although, he did like to play ball all day long
حالانکہ وہ سارا دن گیند کھیلنا پسند کرتا تھا۔

this he did in the streets with other little idle boys
یہ اس نے سڑکوں پر دوسرے چھوٹے بیکار لڑکوں کے ساتھ کیا۔

This so grieved the father that he died
اس سے باپ کو اتنا دکھ ہوا کہ وہ مر گیا۔

his mother cried and prayed, but nothing helped
اس کی ماں نے رویا اور دعا کی، لیکن کچھ بھی کام نہیں آیا

despite her pleading, Aladdin did not mend his ways
اس کی التجا کے باوجود علاء نے اپنے طریقے نہ سدھرے۔

One day, Aladdin was playing in the streets, as usual
ایک دن علاء الدین ہمیشہ کی طرح گلیوں میں کھیل رہا تھا۔

a stranger asked him his age
ایک اجنبی نے اس سے اس کی عمر پوچھی۔

and he asked him, "are you not the son of Mustapha the tailor?"
اور اس سے پوچھا کہ کیا تم درزی مصطفیٰ کے بیٹے نہیں ہو؟

"I am the son of Mustapha, sir," replied Aladdin
''میں مصطفیٰ کا بیٹا ہوں، جناب، ''علاء الدین نے جواب دیا۔

"but he died a long time ago"
"لیکن وہ بہت عرصہ پہلے مر گیا تھا"

the stranger was a famous African magician
اجنبی ایک مشہور افریقی جادوگر تھا۔

and he fell on his neck and kissed him
اور اس کی گردن پر گر کر اسے چوما

"I am your uncle," said the magician
"میں تمہارا چچا ہوں "جادوگر نے کہا

"I knew you from your likeness to my brother"
"میں آپ کو اپنے بھائی کے مشابہ سے جانتا ہوں "

"Go to your mother and tell her I am coming"

"اپنی ماں کے پاس جاؤ اور ان سے کہو کہ میں آرہا ہوں"

Aladdin ran home and told his mother of his newly found uncle

علاء نے گھر بھاگ کر اپنی ماں کو اپنے نئے ملنے والے چچا کے بارے میں بتایا

"Indeed, child," she said, "your father had a brother"

"درحقیقت، بچہ،" اس نے کہا، "تمہارے والد کا ایک بھائی تھا"

"but I always thought he was dead"

"لیکن میں نے ہمیشہ سوچا کہ وہ مر گیا ہے"

However, she prepared supper for the visitor

تاہم، اس نے مہمان کے لیے رات کا کھانا تیار کیا.

and she bade Aladdin to seek his uncle

اور اس نے علاء کو اپنے چچا کو ڈھونڈنے کو کہا

Aladdin's uncle came laden with wine and fruit

علاء الدین کا چچا شراب اور پھلوں سے لدا ہوا آیا

He fell down and kissed the place where Mustapha used to sit

اس نے گر کر اس جگہ کو بوسہ دیا جہاں مصطفیٰ بیٹھا کرتے تھے.

and he bid Aladdin's mother not to be surprised

اور اس نے علاء الدین کی ماں کو حیران نہ ہونے کو کہا

he explained he had been out of the country for forty years

انہوں نے وضاحت کی کہ وہ چالیس سال سے ملک سے باہر ہیں.

He then turned to Aladdin and asked him his trade

پھر وہ علاء کی طرف متوجہ ہوا اور اس سے اس کا سودا پوچھا

but the boy hung his head in shame

لیکن لڑکے نے شرم سے سر جھکا لیا.

and his mother burst into tears

اور اس کی ماں رو پڑی.

so Aladdin's uncle offered to provide food

چنانچہ علاء کے چچا نے کھانا فراہم کرنے کی پیشکش کی.

The next day he bought Aladdin a fine set of clothes

اگلے دن اس نے علاء کو کپڑے کا ایک عمدہ سیٹ خریدا.

and he took him all over the city

اور وہ اسے سارے شہر میں لے گیا.

he showed him the sights of the city

اس نے اسے شہر کے نظارے دکھائے.

at nightfall he brought him home to his mother
رات گئے وہ اسے اپنی ماں کے گھر لے آیا

his mother was overjoyed to see her son so well dressed
اس کی ماں اپنے بیٹے کو اتنے اچھے کپڑے پہنے دیکھ کر بہت خوش ہوئی۔

The next day the magician led Aladdin into some beautiful gardens
اگلے دن جادوگر علاء الدین کو کچھ خوبصورت باغات میں لے گیا۔

this was a long way outside the city gates
یہ شہر کے دروازوں سے باہر ایک لمبا راستہ تھا۔

They sat down by a fountain
وہ ایک چشمے کے پاس بیٹھ گئے۔

and the magician pulled a cake from his girdle
اور جادوگر نے اپنی کمر سے کیک نکالا۔

he divided the cake between the two of them
اس نے کیک کو ان دونوں کے درمیان تقسیم کیا۔

Then they journeyed onward till they almost reached the mountains
پھر وہ آگے بڑھے یہاں تک کہ پہاڑوں تک پہنچ گئے۔

Aladdin was so tired that he begged to go back
علاء الدین اتنا تھکا ہوا تھا کہ اس نے واپس جانے کی منت کی۔

but the magician beguiled him with pleasant stories
لیکن جادوگر نے اسے خوشگوار کہانیوں سے بہکایا

and he led him on in spite of his laziness
اور اس نے اس کی سستی کے باوجود اسے آگے بڑھایا

At last they came to two mountains
آخر کار وہ دو پہاڑوں پر پہنچے

the two mountains were divided by a narrow valley
دونوں پہاڑوں کو ایک تنگ وادی سے تقسیم کیا گیا تھا۔

"We will go no farther," said the false uncle
جھوٹے چچا نے کہا کہ ہم مزید آگے نہیں جائیں گے۔

"I will show you something wonderful"
"میں تمہیں کچھ شاندار دکھاؤں گا "

"gather up sticks, while I kindle a fire"
"لاٹھیاں جمع کرو، جب میں آگ جلاتا ہوں "

When the fire was lit the magician threw a powder on it

جب آگ جلائی گئی تو جادوگر نے اس پر پاؤڈر پھینک دیا۔
and he said some magical words
اور اس نے کچھ جادوئی الفاظ کہے۔
The earth trembled a little and opened in front of them
زمین ہلکی سی کانپ کر ان کے سامنے کھل گئی۔
a square flat stone revealed itself
ایک مربع فلیٹ پتھر نے خود کو ظاہر کیا۔
and in the middle of the stone was a brass ring
اور پتھر کے بیچ میں پیتل کی انگوٹھی تھی۔
Aladdin tried to run away
علاء نے بھاگنے کی کوشش کی۔
but the magician caught him
لیکن جادوگر نے اسے پکڑ لیا۔
and gave him a blow that knocked him down
اور اسے ایک دھچکا دیا جس نے اسے گرا دیا۔
"What have I done, uncle?" he said, piteously
"میں نے کیا کیا چچا؟ "اس نے نرمی سے کہا
the magician said more kindly, "Fear nothing, but obey me"
جادوگر نے مزید نرمی سے کہا،" کسی سے نہ ڈرو، بلکہ میری بات مانو۔"
"Beneath this stone lies a treasure which is to be yours"
"اس پتھر کے نیچے ایک خزانہ ہے جو تمہارا ہونا ہے"
"and no one else may touch this treasure"
"اور کوئی اس خزانے کو ہاتھ نہیں لگا سکتا "
"so you must do exactly as I tell you"
"تو آپ کو وہی کرنا چاہیے جیسا میں آپ کو بتاتا ہوں "
At the mention of treasure Aladdin forgot his fears
خزانہ علاء کے ذکر پر اپنا خوف بھول گیا۔
he grasped the ring as he was told
اس نے انگوٹھی کو پکڑ لیا جیسا کہ اسے بتایا گیا تھا۔
and he said the names of his father and grandfather
اور اس نے اپنے والد اور دادا کے نام بتائے۔
The stone came up quite easily
پتھر کافی آسانی سے اوپر آگیا
and some steps appeared in front of them
اور کچھ قدم ان کے سامنے نمودار ہوئے۔

"Go down," said the magician

"نیچے جاؤ، "جادوگر نے کہا

"at the foot of those steps you will find an open door"

"ان قدموں کے دامن میں آپ کو ایک کھلا دروازہ ملے گا "

"the door leads into three large halls"

"دروازہ تین بڑے ہالوں کی طرف جاتا ہے "

"Tuck up your gown and go through the halls"

"اپنا گاؤن اٹھاؤ اور ہالوں سے گزرو "

"make sure not to touch anything"

"کسی بھی چیز کو ہاتھ نہ لگائیں "

"if you touch anything, you will instantly die"

"اگر آپ کسی چیز کو چھوتے ہیں تو آپ فوری طور پر مر جائیں گے "

"These halls lead into a garden of fine fruit trees"

"یہ ہال عمدہ پھل دار درختوں کے باغ میں لے جاتے ہیں "

"Walk on until you reach a gap in the terrace"

"چلتے رہو جب تک کہ آپ ٹیرس میں ایک خلا تک نہ پہنچ جائیں "

"there you will see a lighted lamp"

"وہاں آپ کو ایک روشن چراغ نظر آئے گا "

"Pour out the oil of the lamp"

"چراغ کا تیل بجھاؤ "

"and then bring me the lamp"

"اور پھر میرے پاس چراغ لے آؤ "

He drew a ring from his finger and gave it to Aladdin

اس نے اپنی انگلی سے انگوٹھی نکال کر علاء کو دے دی۔

and he bid him to prosper

اور اُس نے اُسے خوشحال ہونے کا کہا

Aladdin found everything as the magician had said

علاءالدین کو وہ سب کچھ مل گیا جیسا کہ جادوگر نے کہا تھا۔

he gathered some fruit off the trees

اس نے درختوں سے کچھ پھل اکٹھے کئے

and, having got the lamp, he arrived at the mouth of the cave

اور چراغ لے کر وہ غار کے منہ پر پہنچا

The magician cried out in a great hurry

جادوگر نے بڑی عجلت میں پکارا۔

"Make haste and give me the lamp"

"جلدی کرو اور مجھے چراغ دو "

Aladdin refused to do this until he was out of the cave
علاء نے غار سے باہر آنے تک ایسا کرنے سے انکار کر دیا۔

The magician flew into a terrible rage
جادوگر ایک خوفناک غصے میں اڑ گیا۔

he threw some more powder on to the fire
اس نے کچھ اور پاؤڈر آگ پر پھینک دیا۔

and then he cast another magic spell
اور پھر اس نے ایک اور جادو کر دیا۔

and the stone rolled back into its place
اور پتھر واپس اپنی جگہ پر لڑھک گیا۔

The magician left Persia for ever
جادوگر ہمیشہ کے لیے فارس چھوڑ گیا۔

this plainly showed that he was no uncle of Aladdin's
اس سے صاف ظاہر ہوتا ہے کہ وہ علاء الدین کا چچا نہیں تھا۔

what he really was was a cunning magician
وہ واقعی ایک چالاک جادوگر تھا۔

a magician who had read of a magic lamp
ایک جادوگر جس نے جادو کے چراغ کو پڑھا تھا۔

a magic lamp which would make him the most powerful man in the world
ایک جادوئی چراغ جو اسے دنیا کا سب سے طاقتور آدمی بنا دے گا۔

but he alone knew where to find the magic lamp
لیکن وہ اکیلا جانتا تھا کہ جادو کا چراغ کہاں سے تلاش کرنا ہے۔

and he could only receive the magic lamp from the hand of another
اور وہ صرف دوسرے کے ہاتھ سے جادوئی چراغ وصول کر سکتا تھا۔

He had picked out the foolish Aladdin for this purpose
اس نے احمق علاء کو اس کام کے لیے چن لیا تھا۔

he had intended to get the magical lamp and kill him afterwards
اس نے جادوئی چراغ حاصل کرنے اور بعد میں اسے قتل کرنے کا ارادہ کیا تھا۔

For two days Aladdin remained in the dark
دو دن تک علاء اندھیرے میں رہا۔

he cried and lamented his situation
وہ رویا اور اپنی حالت پر افسوس کا اظہار کیا۔

At last he clasped his hands in prayer

آخرکار اس نے دعا میں ہاتھ ملایا
and in so doing he rubbed the ring
اور ایسا کرتے ہوئے اس نے انگوٹھی کو رگڑ دیا۔
the magician had forgotten to take the ring back from him
جادوگر اس سے انگوٹھی واپس لینا بھول گیا تھا۔
Immediately an enormous and frightful genie rose out of the earth
فوراً ہی ایک بہت بڑا اور خوفناک جنن زمین سے نکلا۔
"What would thou have me do?"
"تم مجھ سے کیا کرو گے؟ "
"I am the Slave of the Ring"
"میں انگوٹھی کا غلام ہوں "
"and I will obey thee in all things"
"اور میں ہر بات میں تیری اطاعت کروں گا "
Aladdin fearlessly replied: "Deliver me from this place!"
علاء نے بے خوف ہو کر جواب دیا" :مجھے اس جگہ سے نجات دلاؤ "!
and the earth opened above him
اور زمین اس کے اوپر کھل گئی۔
and he found himself outside
اور اس نے خود کو باہر پایا
As soon as his eyes could bear the light he went home
جیسے ہی اس کی آنکھوں کی روشنی برداشت ہوئی وہ گھر چلا گیا۔
but he fainted when he got there
لیکن جب وہ وہاں پہنچا تو وہ بے ہوش ہو گیا۔
When he came to himself he told his mother what had happened
جب وہ خود آیا تو اس نے اپنی ماں کو بتایا کہ کیا ہوا ہے۔
and he showed her the lamp
اور اس نے اسے چراغ دکھایا
and he showed her the fruits he had gathered in the garden
اور اس نے اسے وہ پھل دکھائے جو اس نے باغ میں جمع کیے تھے۔
the fruits were, in reality, precious stones
پھل، حقیقت میں، قیمتی پتھر تھے
He then asked for some food
پھر اس نے کچھ کھانے کی فرمائش کی۔

"Alas! child," she said

"افسوس !بچہ، "اس نے کہا

"I have no food in the house"

''میرے گھر میں کھانا نہیں ہے ''

"but I have spun a little cotton"

"لیکن میں نے تھوڑا سا روئی کاتا ہے "

"and I will go and sell the cotton"

"اور میں جا کر روئی بیچوں گا "

Aladdin bade her keep her cotton

علاء نے اسے روئی رکھنے کا کہا

he told her he would sell the magic lamp instead of the cotton

اس نے اسے کہا کہ وہ روئی کے بجائے جادوئی چراغ بیچے گا۔

As it was very dirty she began to rub the magic lamp

چونکہ یہ بہت گندا تھا وہ جادوئی لیمپ کو رگڑنے لگی

a clean magic lamp might fetch a higher price

ایک صاف جادوئی لیمپ زیادہ قیمت لے سکتا ہے۔

Instantly a hideous genie appeared

فوراً ہی ایک خوفناک جن نمودار ہوا۔

he asked what she would like to have

اس نے پوچھا کہ وہ کیا لینا پسند کرے گی۔

at the sight of the genie she fainted

جن کی نظر میں وہ بے ہوش ہو گئی۔

but Aladdin, snatching the magic lamp, said boldly:

لیکن علاء نے جادو کا چراغ چھینتے ہوئے ڈھٹائی سے کہا :

"Fetch me something to eat!"

"مجھے کھانے کے لیے کچھ لاؤ "!

The genie returned with a silver bowl

جنن چاندی کا پیالہ لے کر واپس آیا

he had twelve silver plates containing rich meats

اس کے پاس چاندی کی بارہ تختیاں تھیں جن میں بہت زیادہ گوشت تھا۔

and he had two silver cups and two bottles of wine

اور اس کے پاس دو چاندی کے پیالے اور شراب کی دو بوتلیں تھیں۔

Aladdin's mother, when she came to herself, said:

علاء الدین کی ماں جب اپنے پاس آئی تو کہنے لگی :

"Whence comes this splendid feast?"

"یہ شاندار دعوت کہاں سے آتی ہے؟"

"Ask not where this food came from, but eat, mother,"
replied Aladdin

"یہ مت پوچھو کہ یہ کھانا کہاں سے آیا ہے، بلکہ کھا لو ماں،" علاء نے جواب دیا۔

So they sat at breakfast till it was dinner-time

چنانچہ وہ ناشتے پر بیٹھے رہے یہاں تک کہ رات کے کھانے کا وقت ہو گیا۔

and Aladdin told his mother about the magic lamp

اور علاء نے اپنی ماں کو جادوئی چراغ کے بارے میں بتایا

She begged him to sell the magic lamp

اس نے اس سے جادو کا چراغ بیچنے کی منت کی۔

"let us have nothing to do with devils"

"ہمیں شیطانوں سے کوئی لینا دینا نہیں"

but Aladdin had thought it would be wiser to use the magic lamp

لیکن علاء نے سوچا تھا کہ جادوئی چراغ کو استعمال کرنا زیادہ دانشمندی ہے۔

"chance hath made us aware of the magic lamp's virtues"

"موقع نے ہمیں جادوئی چراغ کی خوبیوں سے آگاہ کیا ہے"

"we will use the magic lamp, and we will use the ring"

"ہم جادوئی چراغ استعمال کریں گے، اور ہم انگوٹھی استعمال کریں گے"

"I shall always wear the ring on my finger"

"میں ہمیشہ انگلی میں انگوٹھی پہنوں گا"

When they had eaten all the genie had brought, Aladdin sold one of the silver plates

جب انہوں نے لایا ہوا تمام جن کھا لیا تو علاء نے چاندی کی ایک پلیٹ بیچ دی۔

and when he needed money again he sold the next plate

اور جب اسے دوبارہ پیسوں کی ضرورت پڑی تو اس نے اگلی پلیٹ بیچ دی۔

he did this until no plates were left

اس نے یہ اس وقت تک کیا جب تک کوئی پلیٹ باقی نہ رہے۔

He then made another wish to the genie

پھر اس نے جن سے ایک اور خواہش کی۔

and the genie gave him another set of plates
اور جن نے اسے پلیٹوں کا ایک اور سیٹ دیا۔

and in this way they lived for many years
اور اس طرح وہ کئی سال تک زندہ رہے۔

One day Aladdin heard an order from the Sultan
ایک دن علاء الدین نے سلطان کا حکم سنا

everyone was to stay at home and close their shutters
سب کو گھر میں رہنا تھا اور اپنے شٹر بند کرنا تھا۔

the Princess was going to and from her bath
شہزادی اپنے غسل کے لیے جا رہی تھی۔

Aladdin was seized by a desire to see her face
علاء کو اس کا چہرہ دیکھنے کی خواہش نے پکڑ لیا۔

although it was very difficult to see her face
اگرچہ اس کا چہرہ دیکھنا بہت مشکل تھا۔

because everywhere she went she wore a veil
کیونکہ وہ جہاں بھی جاتی تھی نقاب پہنتی تھی۔

He hid himself behind the door of the bath
وہ حمام کے دروازے کے پیچھے چھپ گیا۔

and he peeped through a chink in the door
اور اس نے دروازے کے اندر سے جھانکا

The Princess lifted her veil as she went in to the bath
شہزادی نے غسل میں جاتے ہی اپنا پردہ اٹھایا

and she looked so beautiful that Aladdin instantly fell in love with her
اور وہ اتنی خوبصورت لگ رہی تھی کہ علاء الدین کو فوراً ہی اس سے پیار ہو گیا۔

He went home so changed that his mother was frightened
وہ گھر گیا تو اس کی ماں خوفزدہ ہوگئی

He told her he loved the Princess so deeply that he could not live without her
اس نے اسے بتایا کہ وہ شہزادی سے اتنی گہری محبت کرتا ہے کہ وہ اس کے بغیر نہیں رہ سکتا

and he wanted to ask her in marriage of her father
اور وہ اس سے اس کے باپ کی شادی میں پوچھنا چاہتا تھا۔

His mother, on hearing this, burst out laughing
اس کی ماں یہ سن کر ہنس پڑی۔

but Aladdin finally convinced her to go to the Sultan
لیکن آخرکار علاء نے اسے سلطان کے پاس جانے کے لیے راضی کر لیا۔

and she was going to carry his request
اور وہ اس کی درخواست لے کر جا رہی تھی۔

She fetched a napkin and laid in it the magic fruits
اس نے ایک رومال لیا اور اس میں جادوئی پھل ڈال دیے۔

the magic fruits from the enchanted garden
جادوئی باغ سے جادو پھل

the fruits sparkled and shone like the most beautiful jewels
پھل چمک رہے تھے اور سب سے خوبصورت جواہرات کی طرح چمک رہے تھے۔

She took the magic fruits with her to please the Sultan
وہ سلطان کو خوش کرنے کے لیے جادوئی پھل اپنے ساتھ لے گئی۔

and she set out, trusting in the lamp
اور وہ چراغ پر بھروسہ کرتے ہوئے چلی گئی۔

The Grand Vizier and the lords of council had just gone into the palace
وزیر اعظم اور کونسل کے سردار ابھی محل میں گئے تھے۔

and she placed herself in front of the Sultan
اور خود کو سلطان کے سامنے رکھ دیا۔

He, however, took no notice of her
تاہم اس نے اس کا کوئی نوٹس نہیں لیا۔

She went every day for a week
وہ ایک ہفتے کے لیے ہر روز جاتی تھی۔

and she stood in the same place
اور وہ اسی جگہ کھڑی رہی۔

When the council broke up on the sixth day the Sultan said to his Vizier:
جب چھٹے دن مجلس ٹوٹ گئی تو سلطان نے اپنے وزیر سے کہا :

"I see a certain woman in the audience-chamber every day"
"میں ہر روز سامعین کے چیمبر میں ایک مخصوص عورت کو دیکھتا ہوں "

"she is always carrying something in a napkin"
"وہ ہمیشہ ایک رومال میں کچھ نہ کچھ رکھتی ہے "

"Call her to come to us, next time"

"اگلی بار اسے ہمارے پاس آنے کے لیے بلاؤ"
"so that I may find out what she wants"
"تاکہ میں جان سکوں کہ وہ کیا چاہتی ہے"
Next day the Vizier gave her a sign
اگلے دن وزیر نے اسے ایک نشان دیا۔
she went up to the foot of the throne
وہ تخت کے دامن تک گئی۔
and she remained kneeling till the Sultan spoke to her
اور وہ اس وقت تک گھٹنے ٹیکتی رہی جب تک سلطان اس سے بات نہیں کرتا

"Rise, good woman, tell me what you want"
"اچھی عورت اٹھو، بتاؤ تم کیا چاہتی ہو؟"
She hesitated, so the Sultan sent away all but the Vizier
اس نے ہچکچاہٹ کا مظاہرہ کیا تو سلطان نے وزیر کے علاوہ سب کو رخصت کردیا۔
and he bade her to speak frankly
اور اس نے اسے صاف صاف بات کرنے کو کہا
and he promised to forgive her for anything she might say
اور اس نے وعدہ کیا کہ وہ اسے معاف کر دے گا جو وہ کہے گی۔
She then told him of her son's great love for the Princess
پھر اس نے اسے اپنے بیٹے کی شہزادی سے بے پناہ محبت کے بارے میں بتایا
"I prayed for him to forget her," she said
"میں نے اس کے لیے دعا کی کہ وہ اسے بھول جائے،" اس نے کہا
"but my prayers were in vain"
"لیکن میری دعائیں رائیگاں گئیں"
"he threatened to do some desperate deed if I refused to go"
"اس نے دھمکی دی کہ اگر میں نے جانے سے انکار کیا تو وہ کچھ مایوس کن کام کرے گا"
"and so I ask your Majesty for the hand of the Princess"
"اور اس لیے میں آپ سے شہزادی کا ہاتھ مانگتا ہوں"
"but now I pray you to forgive me"
"لیکن اب میں تم سے دعا کرتا ہوں کہ مجھے معاف کردو"
"and I pray that you forgive my son Aladdin"
"اور میں دعا کرتا ہوں کہ آپ میرے بیٹے علاء الدین کو معاف کریں"
The Sultan asked her kindly what she had in the napkin

سلطان نے اس سے نرمی سے پوچھا کہ اس کے رومال میں کیا ہے؟
so she unfolded the napkin
تو اس نے رومال کھول دیا۔
and she presented the jewels to the Sultan
اور اس نے زیورات سلطان کو پیش کئے
He was thunderstruck by the beauty of the jewels
وہ جواہرات کی خوبصورتی سے گرج رہا تھا۔
and he turned to the Vizier and asked, "What sayest thou?"
اور وزیر کی طرف متوجہ ہوا اور پوچھا،" تم کیا کہتے ہو؟ "
"Ought I not to bestow the Princess on one who values her at such a price?"
"کیا میں شہزادی کو کسی ایسے شخص کو نہ دوں جو اس کی اتنی قیمت پر قدر کرتا ہے؟ "
The Vizier wanted her for his own son
وزیر اسے اپنے بیٹے کے لیے چاہتا تھا۔
so he begged the Sultan to withhold her for three months
چنانچہ اس نے سلطان سے التجا کی کہ وہ اسے تین ماہ تک روک لے
perhaps within the time his son would contrive to make a richer present
شاید وقت کے اندر اندر اس کا بیٹا مزید امیر تحفہ بنانے کی کوشش کرے گا۔
The Sultan granted the wish of his Vizier
سلطان نے اپنے وزیر کی خواہش پوری کر دی۔
and he told Aladdin's mother that he consented to the marriage
اور اس نے علاءالدین کی ماں کو بتایا کہ وہ شادی کے لیے رضامند ہے۔
but she was not allowed appear before him again for three months
لیکن اسے تین ماہ تک دوبارہ اس کے سامنے پیش نہیں ہونے دیا گیا۔
Aladdin waited patiently for nearly three months
علاء الدین نے تقریباً تین ماہ تک صبر سے انتظار کیا۔
after two months had elapsed his mother went to go to the market
دو ماہ گزرنے کے بعد اس کی ماں بازار جانے کے لیے چلی گئی۔
she was going into the city to buy oil

وہ شہر میں تیل خریدنے جا رہی تھی۔

when she got to the market she found every one rejoicing

جب وہ بازار پہنچی تو اس نے ہر ایک کو خوش دیکھا

so she asked what was going on

تو اس نے پوچھا کیا ہو رہا ہے؟

"Do you not know?" was the answer

"کیا تم نہیں جانتے؟" جواب تھا

"the son of the Grand Vizier is to marry the Sultan's daughter tonight"

"وزیر اعظم کا بیٹا آج رات سلطان کی بیٹی سے شادی کرنے والا ہے"

Breathless, she ran and told Aladdin

بے دم ہو کر اس نے بھاگ کر علاء سے کہا

at first Aladdin was overwhelmed

پہلے تو علاء مغلوب ہو گیا۔

but then he thought of the magic lamp and rubbed it

لیکن پھر اس نے جادوئی چراغ کے بارے میں سوچا اور اسے رگڑ دیا

once again the genie appeared out of the lamp

ایک بار پھر جن چراغ سے باہر نمودار ہوا۔

"What is thy will?" asked the genie

"تمہاری مرضی کیا ہے؟" جن سے پوچھا

"The Sultan, as thou knowest, has broken his promise to me"

"جیسا کہ تم جانتے ہو کہ سلطان نے مجھ سے وعدہ خلافی کی ہے۔"

"the Vizier's son is to have the Princess"

"وزیر کے بیٹے کو شہزادی لینا ہے"

"My command is that tonight you bring the bride and bridegroom"

"میرا حکم ہے کہ آج رات آپ دلہا اور دلہن کو لے آئیں"۔

"Master, I obey," said the genie

"ماسٹر، میں مانتا ہوں،" جن نے کہا

Aladdin then went to his chamber

علاء الدین پھر اپنے حجرے میں چلا گیا۔

sure enough, at midnight the genie transported a bed

یقینی طور پر، آدھی رات کو جنن ایک بستر لے گیا

and the bed contained the Vizier's son and the Princess

اور بستر پر وزیر کا بیٹا اور شہزادی موجود تھے۔

"Take this new-married man, genie," he said

اس نے کہا،" اس نئے شادی شدہ آدمی کو لے لو، جینی، "اس نے کہا
"put him outside in the cold for the night"
"اسے رات کے لیے سردی میں باہر رکھ دو "
"then return the couple again at daybreak"
"پھر صبح کے وقت جوڑے کو دوبارہ واپس کریں "
So the genie took the Vizier's son out of bed
چنانچہ جن نے وزیر کے بیٹے کو بستر سے اٹھا لیا۔
and he left Aladdin with the Princess
اور اس نے علاء کو شہزادی کے ساتھ چھوڑ دیا۔
"Fear nothing," Aladdin said to her, "you are my wife"
"کچھ مت ڈرو "علاء نے اس سے کہا،" تم میری بیوی ہو "
"you were promised to me by your unjust father"
"تمہیں تمہارے ظالم باپ نے مجھ سے وعدہ کیا تھا "
"and no harm shall come to you"
"اور تمہیں کوئی نقصان نہیں پہنچے گا "
The Princess was too frightened to speak
شہزادی بات کرنے سے بھی خوفزدہ تھی۔
and she passed the most miserable night of her life
اور اس نے اپنی زندگی کی سب سے دکھی رات گزاری۔
although Aladdin lay down beside her and slept soundly
حالانکہ علاء اس کے پاس لیٹ گیا اور خوب سو گیا۔
At the appointed hour the genie fetched in the shivering bridegroom
مقررہ وقت پر جن کانپتے ہوئے دولہا کو لے آیا
he laid him in his place
اس نے اسے اپنی جگہ پر بٹھایا
and he transported the bed back to the palace
اور اس نے بستر کو واپس محل میں پہنچا دیا۔
Presently the Sultan came to wish his daughter good-morning
اس وقت سلطان اپنی بیٹی کو صبح بخیر کی مبارکباد دینے آیا
The unhappy Vizier's son jumped up and hid himself
ناخوش وزیر کا بیٹا چھلانگ لگا کر چھپ گیا۔
and the Princess would not say a word
اور شہزادی ایک لفظ نہیں بولے گی۔
and she was very sorrowful

اور وہ بہت غمگین تھی۔

The Sultan sent her mother to her

سلطان نے اس کی ماں کو اس کے پاس بھیجا۔

"Why will you not speak to your father, child?"

"تم اپنے باپ سے بات کیوں نہیں کرتے بچے؟"

"What has happened?" she asked

"کیا ہوا ہے؟" اس نے پوچھا

The Princess sighed deeply

شہزادی نے گہری سانس لی

and at last she told her mother what had happened

اور آخر کار اس نے اپنی ماں کو بتایا کہ کیا ہوا تھا۔

she told her how the bed had been carried into some strange house

اس نے اسے بتایا کہ کس طرح بستر کسی اجنبی گھر میں لے جایا گیا تھا۔

and she told of what had happened in the house

اور اس نے بتایا کہ گھر میں کیا ہوا تھا۔

Her mother did not believe her in the least

اس کی ماں نے اس پر ذرا بھی یقین نہیں کیا۔

and she bade her to consider it an idle dream

اور اس نے اسے ایک بیکار خواب سمجھنے کا کہا

The following night exactly the same thing happened

اگلی رات بالکل ایسا ہی ہوا۔

and the next morning the princess wouldn't speak either

اور اگلی صبح شہزادی بھی نہیں بولے گی۔

on the Princess's refusal to speak, the Sultan threatened to cut off her head

شہزادی کے بولنے سے انکار پر سلطان نے اس کا سر قلم کرنے کی دھمکی دی۔

She then confessed all that had happened

پھر اس نے جو کچھ ہوا اس کا اعتراف کیا۔

and she bid him to ask the Vizier's son

اور اس نے اسے وزیر کے بیٹے سے پوچھنے کو کہا

The Sultan told the Vizier to ask his son

سلطان نے وزیر سے کہا کہ اپنے بیٹے سے پوچھو

and the Vizier's son told the truth

اور وزیر کے بیٹے نے سچ کہا

he added that he dearly loved the Princess

انہوں نے مزید کہا کہ وہ شہزادی سے بہت پیار کرتے تھے۔

"but I would rather die than go through another such fearful night"

"لیکن میں ایک اور خوفناک رات سے گزرنے کے بجائے مرنا پسند کروں گا "

and he wished to be separated from her, which was granted

اور اس کی خواہش تھی کہ وہ اس سے الگ ہو جائے، جسے منظور کر لیا گیا۔

and then there was an end to the feasting and rejoicing

اور پھر دعوت اور خوشی کا اختتام ہوا۔

then the three months were over

پھر تین مہینے گزر گئے

Aladdin sent his mother to remind the Sultan of his promise

علاء نے اپنی ماں کو سلطان کو اس کا وعدہ یاد دلانے کے لیے بھیجا تھا۔

She stood in the same place as before

وہ پہلے جیسی جگہ پر کھڑی تھی۔

the Sultan had forgotten Aladdin

سلطان علاء الدین کو بھول گیا تھا۔

but at once he remembered him again

لیکن ایک دم اسے پھر یاد آیا

and he asked for her to come to him

اور اس نے اسے اپنے پاس آنے کے لیے کہا

On seeing her poverty the Sultan felt less inclined than ever to keep his word

اس کی غربت دیکھ کر سلطان نے اپنی بات پر عمل کرنے کے لیے پہلے سے کم مائل محسوس کیا۔

and he asked his Vizier's advice

اور اس نے اپنے وزیر سے مشورہ کیا۔

he counselled him to set a high value on the Princess

اس نے اسے مشورہ دیا کہ وہ شہزادی پر بہت زیادہ قیمت مقرر کرے۔

a price so high that no man alive could come afford her

قیمت اتنی زیادہ کہ کوئی زندہ آدمی اسے برداشت نہیں کر سکتا

The Sultan then turned to Aladdin's mother, saying:

پھر سلطان علاء الدین کی ماں کی طرف متوجہ ہوا اور کہا :
"Good woman, a Sultan must remember his promises"
"اچھی عورت، سلطان کو اپنے وعدے یاد رکھنے چاہئیں"
"and I will remember my promise"
"اور میں اپنا وعدہ یاد رکھوں گا"
"but your son must first send me forty basins of gold"
"لیکن آپ کا بیٹا پہلے مجھے سونے کے چالیس بیسن بھیجے"
"and the gold basins must be full of jewels"
"اور سونے کے بیسن جواہرات سے بھرے ہوں"
"and they must be carried by forty black camels"
"اور ان کو چالیس کالے اونٹ لے جائیں گے"
"and in front of each black camel there is to be a white camel"
"اور ہر کالے اونٹ کے آگے ایک سفید اونٹ ہونا ہے"
"and all the camels are to be splendidly dressed"
"اور تمام اونٹوں کو شاندار لباس پہنایا جائے گا"
"Tell him that I await his answer"
"اس سے کہو کہ میں اس کے جواب کا منتظر ہوں"
The mother of Aladdin bowed low
علاء کی ماں نے جھکایا
and then she went home
اور پھر وہ گھر چلا گیا
although she thought all was lost
اگرچہ اس نے سوچا کہ سب کھو گیا ہے۔
She gave Aladdin the message
اس نے علاء الدین کو پیغام دیا۔
and she added, "He may wait long enough for your answer!"
اور اس نے مزید کہا، "وہ آپ کے جواب کا کافی انتظار کر سکتا ہے"!
"Not so long as you think, mother," her son replied
اس کے بیٹے نے جواب دیا۔
"I would do a great deal more than that for the Princess"
"میں شہزادی کے لیے اس سے بڑھ کر بہت کچھ کروں گا"
and he summoned the genie again
اور اس نے جن کو دوبارہ بلایا
and in a few moments the eighty camels arrived
اور چند لمحوں میں اسی اونٹ آ گئے۔

and they took up all space in the small house and garden

اور انہوں نے چھوٹے گھر اور باغ میں تمام جگہ لے لی

Aladdin made the camels set out to the palace

علاء الدین نے اونٹوں کو محل کی طرف روانہ کیا۔

and the camels were followed by his mother

اور اونٹوں کے پیچھے اس کی ماں تھی۔

The camels were very richly dressed

اونٹ بہت خوش لباس تھے۔

and splendid jewels were on the girdles of the camels

اور اونٹوں کی کمروں میں شاندار جواہرات تھے۔

and everyone crowded around to see the camels

اور سب اونٹوں کو دیکھنے کے لیے اِدھر اُدھر ہو گئے۔

and they saw the basins of gold the camels carried on their backs

اور اُنہوں نے سونے کے برتنوں کو دیکھا جو اونٹ اپنی پیٹھ پر لدے ہوئے تھے۔

They entered the palace of the Sultan

وہ سلطان کے محل میں داخل ہوئے۔

and the camels kneeled before him in a semi circle

اور اونٹ نیم دائرے میں اس کے سامنے گھٹنے ٹیکے۔

and Aladdin's mother presented the camels to the Sultan

اور علاء کی ماں نے اونٹ سلطان کو پیش کر دیئے۔

He hesitated no longer, but said:

اس نے مزید ہچکچاہٹ محسوس نہیں کی بلکہ کہا :

"Good woman, return to your son"

"اچھی عورت، اپنے بیٹے کے پاس لوٹ جاؤ "

"tell him that I wait for him with open arms"

"اس سے کہو کہ میں کھلے ہاتھوں اس کا انتظار کر رہا ہوں "

She lost no time in telling Aladdin

اس نے علاء کو بتانے میں کوئی وقت ضائع نہیں کیا۔

and she bid him to make haste

اور اس نے اسے جلدی کرنے کو کہا

But Aladdin first called for the genie

لیکن علاء نے پہلے جن کو بلایا

"I want a scented bath," he said

"مجھے خوشبو والا غسل چاہیے، "اس نے کہا

"and I want a horse more beautiful than the Sultan's"
"اور مجھے سلطان سے زیادہ خوبصورت گھوڑا چاہیے"
"and I want twenty servants to attend to me"
"اور میں چاہتا ہوں کہ میرے پاس بیس بندے حاضر ہوں"
"and I also want six beautifully dressed servants to wait on my mother"
"اور میں یہ بھی چاہتا ہوں کہ چھ خوبصورت ملبوس بندے میری ماں کا انتظار کریں"
"and lastly, I want ten thousand pieces of gold in ten purses"
"اور آخر میں، مجھے دس پرس میں دس ہزار سونا چاہیے"
No sooner had he said what he wanted and it was done
جلد ہی اس نے کہا تھا کہ وہ کیا چاہتا ہے اور یہ ہو گیا ہے۔
Aladdin mounted his beautiful horse
علاء الدین نے اپنے خوبصورت گھوڑے پر سوار کیا۔
and he passed through the streets
اور وہ گلیوں میں سے گزرا۔
the servants cast gold into the crowd as they went
نوکروں نے جاتے ہوئے بھیڑ میں سونا ڈال دیا۔
Those who had played with him in his childhood knew him not
جو بچپن میں اس کے ساتھ کھیلے تھے وہ اسے نہیں جانتے تھے۔
he had grown very handsome
وہ بہت خوبصورت ہو گیا تھا
When the Sultan saw him he came down from his throne
سلطان نے اسے دیکھتے ہی تخت سے نیچے اترا۔
he embraced his new son-in-law with open arms
اس نے اپنے نئے داماد کو کھلے بازوؤں سے گلے لگایا
and he led him into a hall where a feast was spread
اور وہ اسے ایک ہال میں لے گیا جہاں ایک دعوت پھیلی ہوئی تھی۔
he intended to marry him to the Princess that very day
اس نے اسی دن شہزادی سے اس کی شادی کرنے کا ارادہ کیا۔
But Aladdin refused to marry straight away
لیکن علاء نے فوراً شادی کرنے سے انکار کر دیا۔
"first I must build a palace fit for the princess"
"پہلے مجھے شہزادی کے لیے موزوں محل بنانا چاہیے"
and then he took his leave

اور پھر اس نے رخصت لے لی

Once home, he said to the genie:

گھر پہنچ کر اس نے جن سے کہا :

"Build me a palace of the finest marble"

"میرے لیے بہترین سنگ مرمر کا محل بناؤ "

"set the palace with jasper, agate, and other precious stones"

"محل کو یشب، عقیق اور دیگر قیمتی پتھروں سے لگاؤ "

"In the middle of the palace you shall build me a large hall with a dome"

"محل کے وسط میں آپ میرے لیے ایک گنبد والا ایک بڑا ہال بنائیں گے "

"the four walls of the hall will be of masses of gold and silver"

"ہال کی چار دیواری سونے اور چاندی کی ہو گی "

"and each wall will have six windows"

"اور ہر دیوار میں چھ کھڑکیاں ہوں گی "

"and the lattices of the windows will be set with precious jewels"

"اور کھڑکیوں کی جالیوں کو قیمتی جواہرات سے لگایا جائے گا "

"but there must be one window that is not decorated"

"لیکن ایک کھڑکی ضرور ہونی چاہیے جو سجی ہوئی نہ ہو "

"go see that it gets done!"

"جاؤ دیکھو کہ یہ ہو جاتا ہے "!

The palace was finished by the next day

محل اگلے دن تک ختم ہو گیا۔

the genie carried him to the new palace

جن اسے نئے محل میں لے گیا۔

and he showed him how all his orders had been faithfully carried out

اور اُس نے اُسے دکھایا کہ کس طرح اُس کے تمام احکامات وفاداری کے ساتھ پورے کیے گئے تھے۔

even a velvet carpet had been laid from Aladdin's palace to the Sultan's

یہاں تک کہ علاء الدین کے محل سے لے کر سلطان تک ایک مخملی قالین بچھایا گیا تھا۔

Aladdin's mother then dressed herself carefully

علاء کی ماں نے پھر احتیاط سے کپڑے پہنے۔

and she walked to the palace with her servants

اور وہ اپنے نوکروں کے ساتھ محل میں چلی گئی۔

and Aladdin followed her on horseback

اور علاء الدین گھوڑے پر اس کا پیچھا کیا۔

The Sultan sent musicians with trumpets and cymbals to meet them

سلطان نے صور اور جھانجھ کے ساتھ موسیقاروں کو ان سے ملنے کے لیے بھیجا۔

so the air resounded with music and cheers

تو ہوا موسیقی اور خوشیوں سے گونج اٹھی۔

She was taken to the Princess, who saluted her

اسے شہزادی کے پاس لے جایا گیا جس نے اسے سلام کیا۔

and she treated her with great honour

اور وہ اس کے ساتھ بڑی عزت سے پیش آیا

At night the Princess said good-bye to her father

رات کو شہزادی نے اپنے والد کو الوداع کہا

and she set out on the carpet for Aladdin's palace

اور وہ قالین پر علاءالدین کے محل کی طرف روانہ ہوئی۔

his mother was at her side

اس کی ماں اس کے ساتھ تھی

and they were followed by their entourage of servants

اور ان کے پیچھے ان کے نوکروں کا وفد تھا۔

She was charmed at the sight of Aladdin

وہ علاء الدین کو دیکھ کر مسحور ہو گئی۔

and Aladdin ran to receive her into the palace

اور علاء کو محل میں لینے کے لیے بھاگا۔

"Princess," he said, "blame your beauty for my boldness"

"شہزادی، "اس نے کہا، "میری دلیری کے لیے اپنی خوبصورتی کو ذمہ دار ٹھہراؤ۔"

"I hope I have not displeased you"

"مجھے امید ہے کہ میں نے آپ کو ناراض نہیں کیا ہوگا"

she said she willingly obeyed her father in this matter

اس نے کہا کہ اس نے خوشی سے اس معاملے میں اپنے والد کی بات مانی۔

because she had seen that he is handsome

کیونکہ اس نے دیکھا تھا کہ وہ خوبصورت ہے۔

After the wedding had taken place Aladdin led her into the hall

شادی کے بعد علاء الدین اسے ہال میں لے گیا۔

a great feast was spread out in the hall

ہال میں ایک بڑی دعوت پھیلی ہوئی تھی۔

and she supped with him

اور اس نے اس کے ساتھ کھانا کھایا

after eating they danced till midnight

کھانے کے بعد وہ آدھی رات تک ناچتے رہے۔

The next day Aladdin invited the Sultan to see the palace

اگلے دن علاء نے سلطان کو محل دیکھنے کی دعوت دی۔

they entered the hall with the four-and-twenty windows

وہ چار اور بیس کھڑکیوں سے ہال میں داخل ہوئے۔

the windows were decorated with rubies, diamonds, and emeralds

کھڑکیوں کو یاقوت، ہیرے اور زمرد سے سجایا گیا تھا۔

he cried, "The palace is one of the wonders of the world!"

اس نے پکارا،" محل دنیا کے عجائبات میں سے ایک ہے "!

"There is only one thing that surprises me"

"صرف ایک چیز ہے جو مجھے حیران کرتی ہے "

"Was it by accident that one window was left unfinished?"

"کیا اتفاقی طور پر ایک کھڑکی ادھوری رہ گئی تھی؟ "

"No, sir, it was done so by design," replied Aladdin

"نہیں جناب، یہ ڈیزائن کے ذریعے کیا گیا تھا، "علاء نے جواب دیا۔

"I wished your Majesty to have the glory of finishing this palace"

"میری خواہش تھی کہ آپ کی عظمت اس محل کو مکمل کرنے کا موقع ملے "

The Sultan was pleased to be given this honour

سلطان کو یہ اعزاز ملنے پر خوشی ہوئی۔

and he sent for the best jewellers in the city

اور اس نے شہر کے بہترین جواہرات کو بھیجا ۔

He showed them the unfinished window

اس نے انہیں نامکمل کھڑکی دکھائی

and he bade them to decorate the window like the others

اور اس نے انہیں دوسروں کی طرح کھڑکی کو سجانے کا کہا

"Sir," replied their spokesman

"سر، "ان کے ترجمان نے جواب دیا۔

"we cannot find enough jewels"

"ہمیں کافی زیورات نہیں مل سکتے "

so the Sultan had his own jewels fetched

چنانچہ سلطان نے خود اپنے زیورات لایا

but those jewels were soon used up too

لیکن وہ زیورات بھی جلد ہی استعمال ہو گئے۔

even after a month's time the work was not half done

ایک ماہ گزرنے کے بعد بھی کام آدھا نہیں ہوا۔

Aladdin knew that their task was impossible

علاء الدین جانتا تھا کہ ان کا کام ناممکن ہے۔

he bade them to undo their work

اس نے ان سے کہا کہ وہ اپنا کام ختم کر دیں۔

and he bade them to carry the jewels back

اور اس نے انہیں زیورات واپس لے جانے کو کہا

the genie finished the window at his command

جن نے اس کے حکم پر کھڑکی ختم کی۔

The Sultan was surprised to receive his jewels again

سلطان اپنے زیورات کو دوبارہ حاصل کر کے حیران ہوا۔

he visited Aladdin, who showed him the finished window

وہ علاء کے پاس گیا، جس نے اسے تیار شدہ کھڑکی دکھائی

and the Sultan embraced his son in law

اور سلطان نے اپنے داماد کو گلے لگا لیا۔

meanwhile, the envious Vizier suspected the work of enchantment

اس دوران، غیرت مند وزیر کو جادو کے کام پر شک ہوا۔

Aladdin had won the hearts of the people by his gentle manner

علاء الدین نے اپنے حلیمانہ انداز سے لوگوں کے دل جیت لیے تھے۔

He was made captain of the Sultan's armies

اسے سلطان کی فوجوں کا کپتان بنایا گیا

and he won several battles for his army

اور اس نے اپنی فوج کے لیے کئی جنگیں جیتیں۔

but he remained as modest and courteous as before

لیکن وہ پہلے کی طرح شائستہ اور شائستہ رہا۔

in this way he lived in peace and content for several years

اس طرح وہ کئی سال تک سکون اور اطمینان سے رہے۔

But far away in Africa the magician remembered Aladdin

لیکن دور افریقہ میں جادوگر کو علاء کی یاد آ گئی۔

and by his magic arts he discovered Aladdin hadn't perished in the cave

اور اپنے جادوئی فن سے اس نے دریافت کیا کہ علاءالدین غار میں ہلاک نہیں ہوا تھا۔

but instead of perishing, he had escaped and married the princess

لیکن وہ ہلاک ہونے کے بجائے فرار ہو گیا اور شہزادی سے شادی کر لی

and now he was living in great honour and wealth

اور اب وہ بڑی عزت اور دولت میں رہ رہا تھا۔

He knew that the poor tailor's son could only have accomplished this by means of the magic lamp

وہ جانتا تھا کہ غریب درزی کا بیٹا جادو کے چراغ کے ذریعے ہی یہ کام کر سکتا ہے۔

and he travelled night and day until he reached the city

اور وہ رات دن سفر کرتا رہا یہاں تک کہ شہر پہنچا

he was bent on making sure of Aladdin's ruin

وہ علاء کی بربادی کو یقینی بنانے پر تلا ہوا تھا۔

As he passed through the town he heard people talking

جب وہ شہر سے گزرا تو اس نے لوگوں کو باتیں کرتے سنا

all they could talk about was the marvellous palace

وہ صرف اس شاندار محل کے بارے میں بات کر سکتے تھے۔

"Forgive my ignorance," he asked

''میری لاعلمی کو معاف کر دو۔ ''اس نے پوچھا

"what is this palace you speak of?"

"یہ محل کس بات کی ہے تم؟ "

"Have you not heard of Prince Aladdin's palace?" was the reply

"کیا تم نے شہزادہ علاء کے محل کے بارے میں نہیں سنا؟" جواب تھا

"the palace is one of the greatest wonders of the world"

"محل دنیا کے عظیم عجائبات میں سے ایک ہے "

"I will direct you to the palace, if you would like to see it"
"میں تمہیں محل کی طرف لے جاؤں گا، اگر تم اسے دیکھنا چاہتے ہو "
The magician thanked him for bringing him to the palace
جادوگر نے اسے محل میں لانے پر شکریہ ادا کیا۔
and having seen the palace, he knew that it had been built by the Genie of the Lamp
اور محل کو دیکھ کر اسے معلوم ہوا کہ اسے چراغ کے جنن نے بنایا ہے۔
this made him half mad with rage
اس نے اسے غصے سے آدھا پاگل بنا دیا۔
He was determined to get hold of the magic lamp
وہ جادوئی چراغ کو پکڑنے کے لیے پرعزم تھا۔
and he was going to plunge Aladdin into the deepest poverty again
اور وہ علاءالدین کو پھر سے گہری غربت میں ڈوبنے والا تھا۔
Unluckily, Aladdin had gone on a hunting trip for eight days
بدقسمتی سے، علاء الدین آٹھ دن کے لیے شکار کے سفر پر گیا تھا۔
this gave the magician plenty of time
اس سے جادوگر کو کافی وقت ملا
He bought a dozen copper lamps
اس نے ایک درجن تانبے کے لیمپ خریدے۔
and he put the copper lamps into a basket
اور اس نے تانبے کے چراغوں کو ایک ٹوکری میں رکھ دیا۔
and then he went to the palace
اور پھر وہ محل چلا گیا۔
"New lamps for old lamps!" he exclaimed
"پرانے چراغوں کے لیے نئے لیمپ "!اس نے کہا
and he was followed by a jeering crowd
اور اس کے پیچھے ایک ہجوم تھا۔
The Princess was sitting in the hall of four-and-twenty windows
شہزادی چار اور بیس کھڑکیوں والے ہال میں بیٹھی تھی۔
she sent a servant to find out what the noise was about
اس نے ایک نوکر کو یہ معلوم کرنے کے لیے بھیجا کہ شور کس بات کا ہے۔
the servant came back laughing so much that the Princess

scolded her

نوکر اتنا ہنستا ہوا واپس آیا کہ شہزادی نے اسے ڈانٹا۔

"Madam," replied the servant

"میڈم" نوکر نے جواب دیا۔

"who can help but laughing when you see such a thing?"

"جب تم ایسی چیز دیکھو تو ہنسنے کے سوا کون مدد کر سکتا ہے؟"

"an old fool is offering to exchange fine new lamps for old lamps"

"ایک بوڑھا احمق پرانے لیمپ کے بدلے عمدہ نئے لیمپ کے بدلے کی پیشکش کر رہا ہے"

Another servant, hearing this, spoke up

ایک اور بندہ یہ سن کر بولا۔

"There is an old lamp on the cornice which he can have"

"کارنیس پر ایک پرانا چراغ ہے جو وہ رکھ سکتا ہے"

this, of course, was the magic lamp

یہ، یقیناً، جادوئی چراغ تھا۔

Aladdin had left the magic lamp there, as he could not take it with him

علاء نے جادو کا چراغ وہیں چھوڑ دیا تھا، کیونکہ وہ اسے اپنے ساتھ نہیں لے جا سکتا تھا۔

The Princess didn't know know the lamp's value

شہزادی چراغ کی قدر نہیں جانتی تھی۔

laughingly, she bade the servant to exchange the magic lamp

ہنستے ہوئے اس نے نوکر کو جادوئی چراغ بدلنے کا کہا

the servant took the lamp to the magician

نوکر چراغ کو جادوگر کے پاس لے گیا۔

"Give me a new lamp for this lamp," she said

"مجھے اس چراغ کے لیے ایک نیا چراغ دے دو، "اس نے کہا

He snatched the lamp and bade the servant to pick another lamp

اس نے چراغ چھین لیا اور نوکر کو دوسرا چراغ لینے کو کہا

and the entire crowd jeered at the sight

اور سارا مجمع اسے دیکھ کر ہنسنے لگا

but the magician cared little for the crowd

لیکن جادوگر بھیڑ کی بہت کم پرواہ کرتا تھا۔

he left the crowd with the magic lamp he had set out to get

اس نے ہجوم کو اس جادوئی چراغ کے ساتھ چھوڑ دیا جسے وہ حاصل کرنے کے لیے نکلا تھا۔

and he went out of the city gates to a lonely place
اور وہ شہر کے پھاٹکوں سے باہر ایک ویران جگہ چلا گیا۔

there he remained till nightfall
وہ رات گئے تک وہاں رہا۔

and at nightfall he pulled out the magic lamp and rubbed it
اور رات کے وقت اس نے جادو کا چراغ نکالا اور اسے رگڑ دیا۔

The genie appeared to the magician
جن جادوگر کو دکھائی دیا۔

and the magician made his command to the genie
اور جادوگر نے جن کو اپنا حکم سنایا

"carry me, the princess, and the palace to a lonely place in Africa"
"مجھے، شہزادی اور محل کو افریقہ میں کسی تنہا جگہ پر لے چلو"

Next morning the Sultan looked out of the window toward Aladdin's palace
اگلی صبح سلطان نے کھڑکی سے باہر علاء الدین کے محل کی طرف دیکھا

and he rubbed his eyes when he saw the palace was gone
اور اس نے اپنی آنکھیں رگڑیں جب اس نے دیکھا کہ محل غائب ہے۔

He sent for the Vizier and asked what had become of the palace
اس نے وزیر کو بلوا بھیجا اور پوچھا کہ محل کا کیا حال ہے؟

The Vizier looked out too, and was lost in astonishment
وزیر نے بھی باہر دیکھا، اور حیرت میں کھو گیا۔

He again put the events down to enchantment
اس نے ایک بار پھر واقعات کو جادو میں ڈال دیا۔

and this time the Sultan believed him
اور اس بار سلطان نے اس کی بات مان لی

he sent thirty men on horseback to fetch Aladdin in chains
اس نے زنجیروں میں جکڑ کر علاءالدین کو لانے کے لیے تیس آدمیوں کو گھوڑے پر بھیجا۔

They met him riding home
وہ گھر پر سوار ہو کر ملے

they bound him and forced him to go with them on foot

اُنہوں نے اُسے باندھ کر پیدل اپنے ساتھ جانے پر مجبور کیا۔

The people, however, who loved him, followed them to the palace

تاہم، جو لوگ اس سے محبت کرتے تھے، وہ ان کے پیچھے محل تک گئے۔

they would make sure that he came to no harm

وہ اس بات کو یقینی بنائیں گے کہ اسے کوئی نقصان نہیں پہنچا

He was carried before the Sultan

اسے سلطان کے سامنے لے جایا گیا۔

and the Sultan ordered the executioner to cut off his head

اور سلطان نے جلاد کو اس کا سر قلم کرنے کا حکم دیا۔

The executioner made Aladdin kneel down before a block of wood

جلاد نے علاء کو لکڑی کے ایک ٹکڑے کے سامنے گھٹنے ٹیکنے پر مجبور کر دیا۔

he bandaged his eyes so that he could not see

اس نے اپنی آنکھوں پر پٹی باندھی تاکہ وہ دیکھ نہ سکے۔

and he raised his scimitar to strike

اور اس نے مارنے کے لیے اپنا سکمیٹر اٹھایا

At that instant the Vizier saw the crowd had forced their way into the courtyard

اسی وقت وزیر نے دیکھا کہ بھیڑ زبردستی صحن میں داخل ہو گئی ہے۔

they were scaling the walls to rescue Aladdin

وہ علاء الدین کو بچانے کے لیے دیواروں کو تراش رہے تھے۔

so he called to the executioner to halt

چنانچہ اس نے جلاد کو رکنے کے لیے بلایا

The people, indeed, looked so threatening that the Sultan gave way

لوگ، واقعی، اتنے دھمکی آمیز نظر آئے کہ سلطان نے راستہ چھوڑ دیا۔

and he ordered Aladdin to be unbound

اور اس نے علاء کو حکم دیا کہ وہ بے بند ہو جائے۔

he pardoned him in the sight of the crowd

اس نے اسے بھیڑ کی نظروں میں معاف کر دیا۔

Aladdin now begged to know what he had done

علاء نے اب منت سماجت کی کہ اس نے کیا کیا ہے۔

"False wretch!" said the Sultan, "come thither"

"جھوٹی بدمعاش!" سلطان نے کہا، "ادھر آؤ"

he showed him from the window the place where his palace had stood

اس نے اسے کھڑکی سے وہ جگہ دکھائی جہاں اس کا محل کھڑا تھا۔

Aladdin was so amazed that he could not say a word

علاء الدین اتنا حیران ہوا کہ ایک لفظ بھی نہ بول سکا

"Where are my palace and my daughter?" demanded the Sultan

"میرا محل اور میری بیٹی کہاں ہیں؟" سلطان سے مطالبہ کیا۔

"For the palace I am not so deeply concerned"

"محل کے لیے مجھے اتنی گہری فکر نہیں ہے"

"but my daughter I must have"

"لیکن میری بیٹی میرے پاس ضرور ہے"

"and you must find her, or lose your head"

"اور آپ کو اسے ڈھونڈنا ہوگا، یا اپنا سر کھو دینا ہوگا"

Aladdin begged to be granted forty days in which to find her

علاء نے التجا کی کہ اسے ڈھونڈنے کے لیے چالیس دن کی مہلت دی جائے۔

he promised that if he failed he would return

اس نے وعدہ کیا کہ اگر وہ ناکام رہے تو وہ واپس آ جائیں گے۔

and on his return he would suffer death at the Sultan's pleasure

اور واپسی پر اسے سلطان کی رضا پر موت کا سامنا کرنا پڑے گا۔

His prayer was granted by the Sultan

اس کی دعا سلطان نے قبول فرمائی

and he went forth sadly from the Sultan's presence

اور وہ افسردہ ہو کر سلطان کے سامنے سے چلا گیا۔

For three days he wandered about like a madman

تین دن تک وہ دیوانے کی طرح گھومتا رہا۔

he asked everyone what had become of his palace

اس نے سب سے پوچھا کہ اس کے محل کا کیا ہو گیا ہے۔

but they only laughed and pitied him

لیکن وہ صرف ہنسے اور اس پر رحم کیا۔

He came to the banks of a river

وہ ایک دریا کے کنارے آیا

he knelt down to say his prayers before throwing himself in

اس نے اپنے آپ کو اندر پھینکنے سے پہلے اپنی دعائیں کہنے کے لیے گھٹنے ٹیکے۔

In so doing he rubbed the magic ring he still wore

ایسا کرتے ہوئے اس نے جادوئی انگوٹھی کو رگڑ دیا جو وہ ابھی تک پہنے ہوئے تھے۔

The genie he had seen in the cave appeared

غار میں اس نے جو جن دیکھا تھا وہ ظاہر ہوا۔

and he asked him what his will was

اور اس سے پوچھا کہ اس کی وصیت کیا ہے؟

"Save my life, genie," said Aladdin

"میری جان بچاؤ، جن،" علاء نے کہا

"bring my palace back"

"میرا محل واپس لاؤ"

"That is not in my power," said the genie

"یہ میرے اختیار میں نہیں ہے،" جن نے کہا

"I am only the Slave of the Ring"

"میں صرف انگوٹھی کا غلام ہوں"

"you must ask him for the magic lamp"

"تمہیں اس سے جادوئی چراغ مانگنا چاہیے"

"that might be true," said Aladdin

"یہ سچ ہو سکتا ہے،" علاء نے کہا

"but thou canst take me to the palace"

"لیکن تم مجھے محل لے جا سکتے ہو"

"set me down under my dear wife's window"

"مجھے میری پیاری بیوی کی کھڑکی کے نیچے رکھ دو"

He at once found himself in Africa

اس نے فوراً خود کو افریقہ میں پایا

he was under the window of the Princess

وہ شہزادی کی کھڑکی کے نیچے تھا۔

and he fell asleep out of sheer weariness

اور وہ بالکل تھکن سے سو گیا۔

He was awakened by the singing of the birds

وہ پرندوں کے گانے سے بیدار ہوا۔

and his heart was lighter than it was before

اور اس کا دل پہلے سے ہلکا تھا۔

He saw that all his misfortunes were due to the loss of the magic lamp

اس نے دیکھا کہ اس کی ساری بدقسمتی جادو کے چراغ کے ضائع ہونے کی وجہ سے ہے۔

and he vainly wondered who had robbed him of his magic lamp

اور وہ بیکار سوچ رہا تھا کہ اس کا جادوئی چراغ کس نے چھین لیا ہے۔

That morning the Princess rose earlier than she normally

اس صبح شہزادی معمول سے پہلے اٹھ گئی۔

once a day she was forced to endure the magicians company

دن میں ایک بار وہ جادوگروں کی کمپنی کو برداشت کرنے پر مجبور تھی۔

She, however, treated him very harshly

تاہم، وہ اس کے ساتھ بہت سختی سے پیش آیا

so he dared not live with her in the palace

اس لیے اس نے اس کے ساتھ محل میں رہنے کی ہمت نہیں کی۔

As she was dressing, one of her women looked out and saw Aladdin

جب وہ کپڑے پہن رہی تھی تو اس کی ایک عورت نے باہر دیکھا اور علاء الدین کو دیکھا

The Princess ran and opened the window

شہزادی نے بھاگ کر کھڑکی کھول دی۔

at the noise she made Aladdin looked up

شور مچانے پر اس نے علاء کو اوپر دیکھا

She called to him to come to her

اس نے اسے اپنے پاس آنے کے لیے بلایا

it was a great joy for the lovers to see each other again

محبت کرنے والوں کے لیے ایک دوسرے کو دوبارہ دیکھ کر بہت خوشی ہوئی۔

After he had kissed her Aladdin said:

اس کا بوسہ لینے کے بعد علاء نے کہا :

"I beg of you, Princess, in God's name"

"میں تم سے مانگتا ہوں، شہزادی، خدا کے نام پر "

"before we speak of anything else"

"اس سے پہلے کہ ہم کوئی اور بات کریں "

"for your own sake and mine"

"اپنی اور میری خاطر "

"tell me what has become of the old lamp"

"بتاؤ پرانے چراغ کا کیا ہو گیا ہے "

"I left the lamp on the cornice in the hall of four-and-twenty windows"

"میں نے چار اور بیس کھڑکیوں کے ہال میں لیمپ کو کارنیس پر چھوڑ دیا "

"Alas!" she said, "I am the innocent cause of our sorrows"

"افسوس !"اس نے کہا میں ہمارے دکھوں کی معصوم وجہ ہوں

and she told him of the exchange of the magic lamp

اور اس نے اسے جادوئی چراغ کے تبادلے کے بارے میں بتایا

"Now I know," cried Aladdin

"اب میں جانتا ہوں، "علاء نے پکارا۔

"we have to thank the magician for this!"

"ہمیں اس کے لیے جادوگر کا شکریہ ادا کرنا ہوگا "!

"Where is the magic lamp?"

"جادو کا چراغ کہاں ہے؟ "

"He carries the lamp about with him," said the Princess

"وہ چراغ اپنے ساتھ لے جاتا ہے، "شہزادی نے کہا

"I know he carries the lamp with him"

"میں جانتا ہوں کہ وہ اپنے ساتھ چراغ لے کر جاتا ہے "

"because he pulled the lamp out of his breast pocket to show me"

"کیونکہ اس نے مجھے دکھانے کے لیے اپنی چھاتی کی جیب سے چراغ نکالا "

"and he wishes me to break my faith with you and marry him"

"اور وہ چاہتا ہے کہ میں تم سے اپنا ایمان توڑ کر اس سے شادی کرلوں۔ "

"and he said you were beheaded by my father's command"

"اور اس نے کہا کہ میرے والد کے حکم سے تمہارا سر قلم کیا گیا ہے "

"He is always speaking ill of you"

"وہ ہمیشہ آپ کے بارے میں برا بولتا ہے "

"but I only reply with my tears"

"لیکن میں صرف اپنے آنسوؤں سے جواب دیتا ہوں "

"If I can persist, I doubt not"

"اگر میں برقرار رہ سکتا ہوں تو مجھے شک نہیں ہے "

"but he will use violence"

"لیکن وہ تشدد کا استعمال کرے گا "

Aladdin comforted his wife

علاء نے اپنی بیوی کو تسلی دی۔

and he left her for a while

اور اس نے اسے تھوڑی دیر کے لیے چھوڑ دیا۔

He changed clothes with the first person he met in town

اس نے شہر میں پہلے شخص کے ساتھ کپڑے بدلے۔

and having bought a certain powder, he returned to the Princess

اور ایک مخصوص پاؤڈر خرید کر وہ شہزادی کے پاس واپس چلا گیا۔

the Princess let him in by a little side door

شہزادی نے اسے ایک طرف کے دروازے سے اندر جانے دیا۔

"Put on your most beautiful dress," he said to her

"اپنا سب سے خوبصورت لباس پہن لو، "اس نے اس سے کہا

"receive the magician with smiles today"

"جادوگر کا آج مسکراہٹ کے ساتھ استقبال کریں "

"lead him to believe that you have forgotten me"

"اسے یقین دلاؤ کہ تم مجھے بھول گئے ہو "

"Invite him to sup with you"

"اسے اپنے ساتھ کھانے کے لیے مدعو کریں "

"and tell him you wish to taste the wine of his country"

"اور اس سے کہو کہ تم اس کے ملک کی شراب چکھنا چاہتے ہو "

"He will be gone for some time"

"وہ کچھ دیر کے لیے چلا جائے گا "

"while he is gone I will tell you what to do"

"جب وہ چلا جائے گا تو میں تمہیں بتاؤں گا کہ کیا کرنا ہے "

She listened carefully to Aladdin

اس نے علاء کی بات غور سے سنی

and when he left she arrayed herself beautifully

اور جب وہ چلا گیا تو اس نے خود کو خوبصورتی سے سجا لیا۔

she hadn't dressed like this since she had left her city

جب سے اس نے اپنا شہر چھوڑا تھا اس نے ایسا لباس نہیں پہنا تھا۔

She put on a girdle and head-dress of diamonds

اس نے ایک کمربند اور سر پر ہیروں کا لباس پہنا۔
she was more beautiful than ever
وہ پہلے سے زیادہ خوبصورت تھی
and she received the magician with a smile
اور اس نے جادوگر کا مسکراہٹ کے ساتھ استقبال کیا۔
"I have made up my mind that Aladdin is dead"
"میں نے اپنا ذہن بنا لیا ہے کہ علاءالدین مر گیا ہے "
"my tears will not bring him back to me"
"میرے آنسو اسے میرے پاس واپس نہیں لائیں گے "
"so I am resolved to mourn no more"
"لہذا میں مزید ماتم کرنے کا عزم کر رہا ہوں "
"therefore I invite you to sup with me"
"اس لیے میں آپ کو اپنے ساتھ کھانے کی دعوت دیتا ہوں "
"but I am tired of the wines we have"
"لیکن میں ہمارے پاس موجود شرابوں سے تھک گیا ہوں "
"I would like to taste the wines of Africa"
"میں افریقہ کی شراب چکھنا چاہوں گا "
The magician ran to his cellar
جادوگر اپنی کوٹھری کی طرف بھاگا۔
and the Princess put the powder Aladdin had given her in her cup
اور شہزادی نے علاء الدین کا دیا ہوا پاؤڈر اپنے کپ میں ڈال دیا۔
When he returned she asked him to drink to her health
جب وہ واپس آیا تو اس نے اسے اپنی صحت کے لیے پینے کو کہا
and she handed him her cup in exchange for his
اور اس نے اس کے بدلے میں اپنا پیالہ اسے دے دیا۔
this was done as a sign to show she was reconciled to him
یہ ایک نشانی کے طور پر کیا گیا تھا تاکہ یہ ظاہر کیا جا سکے کہ وہ اس سے صلح کر چکی ہے۔
Before drinking the magician made her a speech
شراب پینے سے پہلے جادوگر نے اسے تقریر کی۔
he wanted to praise her beauty
وہ اس کی خوبصورتی کی تعریف کرنا چاہتا تھا۔
but the Princess cut him short
لیکن شہزادی نے اسے مختصر کر دیا۔
"Let us drink first"

"پہلے پیتے ہیں"
"and you shall say what you will afterwards"
"اور تم وہی کہو گے جو بعد میں چاہو گے"
She set her cup to her lips and kept it there
اس نے اپنا کپ اپنے ہونٹوں سے لگایا اور وہیں رکھ دیا۔
the magician drained his cup to the dregs
جادوگر نے اپنا پیالہ ڈرگز میں ڈال دیا۔
and upon finishing his drink he fell back lifeless
اور پینے سے فارغ ہو کر وہ بے جان ہو گیا۔
The Princess then opened the door to Aladdin
شہزادی نے پھر علاء کے لیے دروازہ کھول دیا۔
and she flung her arms round his neck
اور اس نے اپنے بازو اس کے گلے میں پھیرے۔
but Aladdin asked her to leave him
لیکن علاء نے اسے چھوڑنے کو کہا
there was still more to be done
ابھی بھی بہت کچھ کرنا باقی تھا۔
He then went to the dead magician
پھر وہ مردہ جادوگر کے پاس گیا۔
and he took the lamp out of his vest
اور اس نے چراغ کو اپنی بنیان سے نکالا۔
he bade the genie to carry the palace back
اس نے جن کو کہا کہ وہ محل واپس لے جائے۔
the Princess in her chamber only felt two little shocks
اپنے چیمبر میں شہزادی کو صرف دو چھوٹے جھٹکے لگے
in little time she was at home again
تھوڑی ہی دیر میں وہ دوبارہ گھر پر تھی۔
The Sultan was sitting on his balcony
سلطان اپنی بالکونی میں بیٹھا تھا۔
he was mourning for his lost daughter
وہ اپنی کھوئی ہوئی بیٹی کے لیے ماتم کر رہا تھا۔
he looked up and had to rub his eyes again
اس نے اوپر دیکھا اور اپنی آنکھیں دوبارہ رگڑیں۔
the palace stood there as it had before
محل وہیں کھڑا تھا جیسا کہ پہلے تھا۔
He hastened over to the palace to see his daughter

وہ اپنی بیٹی کو دیکھنے کے لیے محل کی طرف بھاگا۔

Aladdin received him in the hall of the palace

علاء الدین نے محل کے ہال میں اس کا استقبال کیا۔

and the princess was at his side

اور شہزادی اس کے ساتھ تھی۔

Aladdin told him what had happened

علاء نے اسے بتایا کہ کیا ہوا تھا۔

and he showed him the dead body of the magician

اور اس نے اسے جادوگر کی لاش دکھائی

so that the Sultan would believe him

تاکہ سلطان اس پر یقین کر لے

A ten days' feast was proclaimed

دس دن کی دعوت کا اعلان کیا گیا۔

and it seemed as if Aladdin might now live the rest of his life in peace

اور ایسا لگ رہا تھا کہ اب علاء الدین اپنی باقی زندگی سکون سے گزاریں گے۔

but his life was not to be as peaceful as he had hoped

لیکن اس کی زندگی اتنی پرامن نہیں تھی جتنی اس نے امید کی تھی۔

The African magician had a younger brother

افریقی جادوگر کا ایک چھوٹا بھائی تھا۔

he was maybe even more wicked and cunning than his brother

وہ شاید اپنے بھائی سے بھی زیادہ شریر اور چالاک تھا۔

He travelled to Aladdin to avenge his brother's death

اس نے اپنے بھائی کی موت کا بدلہ لینے کے لیے علاء کا سفر کیا۔

he went to visit a pious woman called Fatima

وہ فاطمہ نامی نیک عورت سے ملنے گیا۔

he thought she might be of use to him

اس نے سوچا کہ وہ اس کے کام آ سکتی ہے۔

He entered her cell and put a dagger to her breast

وہ اس کے سیل میں داخل ہوا اور اس کی چھاتی پر خنجر رکھ دیا۔

then he told her to rise and do his bidding

پھر اس نے اسے کہا کہ اٹھو اور بولی کرو

and if she didn't he said he would kill her

اور اگر اس نے ایسا نہیں کیا تو اس نے کہا کہ وہ اسے مار ڈالے گا۔

He changed his clothes with her

اس نے اس کے ساتھ اپنے کپڑے بدلے

and he coloured his face like hers

اور اس نے اپنے چہرے کو اس کی طرح رنگ دیا۔

he put on her veil so that he looked just like her

اس نے اس پر نقاب ڈال دیا تاکہ وہ بالکل اس کی طرح نظر آئے

and finally he murdered her despite her compliance

اور آخر کار اس نے اس کی تعمیل کے باوجود اسے قتل کر دیا۔

so that she could tell no tales

تاکہ وہ کوئی کہانی نہ سنا سکے۔

Then he went towards the palace of Aladdin

پھر وہ علاء الدین کے محل کی طرف چلا گیا۔

all the people thought he was the holy woman

تمام لوگوں نے سوچا کہ وہ مقدس عورت ہے۔

they gathered round him to kiss his hands

وہ اس کے ہاتھ چومنے کے لیے اس کے گرد جمع ہوئے۔

and they begged for his blessing

اور وہ اُس سے برکت مانگنے لگے

When he got to the palace there was a great commotion around him

جب وہ محل میں پہنچا تو اس کے اردگرد ایک بڑا ہنگامہ تھا۔

the princess wanted to know what all the noise was about

شہزادی جاننا چاہتی تھی کہ سارا شور کس بارے میں ہے۔

so she bade her servant to look out of the window

تو اس نے اپنے نوکر کو کھڑکی سے باہر دیکھنے کو کہا

and her servant asked what the noise was all about

اور اس کی نوکر نے پوچھا کہ شور کس بات کا ہے۔

she found out it was the holy woman causing the commotion

اسے پتہ چلا کہ یہ مقدس عورت ہی ہنگامہ آرائی کر رہی ہے۔

she was curing people of their ailments by touching them

وہ لوگوں کو چھو کر ان کی بیماریوں کا علاج کر رہی تھی۔

the Princess had long desired to see Fatima

شہزادی فاطمہ سے ملنے کی خواہش رکھتی تھی۔

so she got her servant to ask her into the palace

چنانچہ اس نے اپنے نوکر کو محل میں اس سے پوچھنے کے لیے بلایا

and the false Fatima accepted the offer into the palace

اور جھوٹی فاطمہ نے محل میں پیش کش قبول کر لی

the magician offered up a prayer for her health and prosperity

جادوگر نے اس کی صحت اور خوشحالی کے لیے دعا کی۔

the Princess made him sit by her

شہزادی نے اسے اپنے پاس بٹھایا

and she begged him to stay with her

اور اس نے اسے اپنے ساتھ رہنے کی منت کی۔

The false Fatima wished for nothing better

جھوٹی فاطمہ نے کچھ بہتر نہیں چاہا۔

and she consented to the princess' wish

اور اس نے شہزادی کی خواہش کو مان لیا۔

but he kept his veil down

لیکن اس نے اپنا پردہ نیچے رکھا

because he knew that he would be discovered otherwise

کیونکہ وہ جانتا تھا کہ اسے دوسری صورت میں دریافت کیا جائے گا۔

The Princess showed him the hall

شہزادی نے اسے ہال دکھایا

and she asked him what he thought of the hall

اور اس نے اس سے پوچھا کہ وہ ہال کے بارے میں کیا سوچتا ہے۔

"It is a truly beautiful hall," said the false Fatima

جھوٹی فاطمہ نے کہا کہ یہ واقعی ایک خوبصورت ہال ہے۔

"but in my mind your palace still wants one thing"

"لیکن میرے ذہن میں تمہارا محل اب بھی ایک چیز چاہتا ہے "

"And what is it that my palace is missing?" asked the Princess

"اور یہ کیا ہے کہ میرا محل غائب ہے؟" شہزادی نے پوچھا

"If only a Roc's egg were hung up from the middle of this dome"

"کاش اس گنبد کے بیچ سے ایک راک کا انڈا لٹکا دیا جاتا "

"then your palace would be the wonder of the world," he said

"تو آپ کا محل دنیا کا عجوبہ ہوگا۔ "اس نے کہا

After this the Princess could think of nothing but the Roc's egg

اس کے بعد شہزادی راک کے انڈے کے سوا کچھ نہیں سوچ سکتی تھی۔

when Aladdin returned from hunting he found her in a very ill humour

جب علاء شکار سے واپس آیا تو اس نے اسے انتہائی بدمزاج میں پایا

He begged to know what was amiss

اس نے التجا کی کہ معلوم کیا غلط ہے۔

and she told him what had spoiled her pleasure

اور اس نے اسے بتایا کہ اس کی خوشی کو کس چیز نے خراب کیا تھا۔

"I'm made miserable for the want of a Roc's egg"

"میں راک کے انڈے کی کمی کی وجہ سے دکھی ہوں "

"If that is all you want you shall soon be happy," replied Aladdin

''اگر تم یہی چاہتے ہو تو تم جلد خوش ہو جاؤ گے، ''علاء نے جواب دیا۔

he left her and rubbed the lamp

اس نے اسے چھوڑ دیا اور چراغ کو رگڑا

when the genie appeared he commanded him to bring a Roc's egg

جب جن نمودار ہوا تو اس نے اسے حکم دیا کہ ایک راک کا انڈا لے آؤ

The genie gave such a loud and terrible shriek that the hall shook

جینی نے ایسی زوردار اور خوفناک چیخ ماری کہ ہال لرز اٹھا

"Wretch!" he cried, "is it not enough that I have done everything for you?"

"بدبخت "!اس نے پکارا،" کیا یہ کافی نہیں کہ میں نے تمہارے لیے سب کچھ کر دیا؟ "

"but now you command me to bring my master"

"لیکن اب آپ مجھے حکم دیتے ہیں کہ میں اپنے آقا کو لے آؤں "

"and you want me to hang him up in the midst of this dome"

"اور آپ چاہتے ہیں کہ میں اسے اس گنبد کے بیچ میں لٹکا دوں "

"You and your wife and your palace deserve to be burnt to ashes"

"تم اور تمہاری بیوی اور تمہارا محل جل کر راکھ ہو جانے کے لائق ہو "

"but this request does not come from you"

"لیکن یہ درخواست آپ کی طرف سے نہیں آئی "

"the demand comes from the brother of the magician"

"مطالبہ جادوگر کے بھائی کی طرف سے آیا ہے "

"the magician whom you have destroyed"

"جادوگر جسے تم نے تباہ کیا ہے"

"He is now in your palace disguised as the holy woman"

"اب وہ مقدس عورت کے بھیس میں تمہارے محل میں ہے"

"the real holy woman he has already murdered"

"حقیقی مقدس عورت جسے وہ پہلے ہی قتل کر چکا ہے"

"it was him who put that wish into your wife's head"

"یہ وہی تھا جس نے یہ خواہش تمہاری بیوی کے سر میں ڈالی تھی"

"Take care of yourself, for he means to kill you"

"اپنا خیال رکھنا، کیونکہ اس کا مطلب تمہیں مارنا ہے"

upon saying this, the genie disappeared

یہ کہہ کر جن غائب ہو گیا۔

Aladdin went back to the Princess

علاء واپس شہزادی کے پاس چلا گیا۔

he told her that his head ached

اس نے اسے بتایا کہ اس کے سر میں درد ہے۔

so she requested the holy Fatima to be fetched

چنانچہ اس نے حضور فاطمہ کو لانے کی درخواست کی۔

she could lay her hands on his head

وہ اس کے سر پر ہاتھ رکھ سکتی تھی۔

and his headache would be cured by her powers

اور اس کا سر درد اس کی طاقت سے ٹھیک ہو جائے گا۔

when the magician came near Aladdin seized his dagger

جب جادوگر علاء کے قریب پہنچا تو اس کا خنجر پکڑ لیا۔

and he pierced him in the heart

اور اُس نے اُس کے دل میں سوراخ کر دیا۔

"What have you done?" cried the Princess

"تم نے کیا کیا ہے؟" شہزادی نے پکارا۔

"You have killed the holy woman!"

"تم نے مقدس عورت کو قتل کیا ہے"!

"It is not so," replied Aladdin

"ایسا نہیں ہے۔" علاء الدین نے جواب دیا۔

"I have killed a wicked magician"

"میں نے ایک شریر جادوگر کو مار ڈالا ہے"

and he told her of how she had been deceived

اور اس نے اسے بتایا کہ اسے کس طرح دھوکہ دیا گیا تھا۔

After this Aladdin and his wife lived in peace
اس کے بعد علاء الدین اور اس کی بیوی سکون سے رہنے لگے
He succeeded the Sultan when he died
جب وہ مر گیا تو وہ سلطان کا جانشین ہوا۔
he reigned over the kingdom for many years
اس نے کئی سالوں تک سلطنت پر حکومت کی۔
and he left behind him a long lineage of kings
اور اپنے پیچھے بادشاہوں کا ایک طویل سلسلہ چھوڑ گیا۔

The End
دی اینڈ

www.tranzlaty.com

www.ingramcontent.com/pod-product-compliance
Lightning Source LLC
Chambersburg PA
CBHW012010090526
44590CB00026B/3950